Vieques: esmeralda entre las olas

Vidalina Huertas

AuthorHouse™
1663 Liberty Drive
Bloomington, IN 47403
www.authorhouse.com
Teléfono: 1 (833) 262-8899

Este es un libro impreso en papel libre de ácido.

ISBN: 978-1-4389-8333-2 (tapa blanda)

Información sobre impresión disponible en la última página.

Publicada por AuthorHouse 09/23/2020

authorHOUSE®

Tabla de Contenido

PARA TI... CON AGRADECIMIENTO

Éstos mis versos sencillos, de lenguaje llano; pero nacidos del corazón, de mi amor por mi isla de Vieques y por la maravillosa naturaleza que la abraza; se los dedico con el mayor respeto y cariño:

A la gente de mi pueblo; mi linda gente hospitalaria que al igual que yo ama y admira la tierra que los vio nacer. ¡Gracias por ser parte de mi inspiración!

A Manuel Silva, amigo periodista quien siempre creyó en mi musa y con insistencia me motivó a sacar a la luz los versos que por tantos años guardé en el viejo baúl de los recuerdos y que hasta ahora, en papeles teñidos de amarillo por el tiempo, en servilletas o en un papel cualquiera yacían allí quietos, dormidos... ¡Gracias, Manolo, por la confianza y la fe que tienes en lo que escribo! Valió la pena tu reto.

A mis hijas Addis Belisa y Leddis Yanira y a mis nietos; Joadise, Jolisa, Elizabeth y César: a ustedes que les ha tocado vivir un tiempo que por volar tan aprisa no les permite saborear la linda fantasía a la que nos lleva la lectura de un poema, de un verso, de una rima sencilla... ¡Gracias, mis hijos! Su gran apoyo ha sido un verdadero recurso de ánimo y de fe en mí misma.

A mi amiga Nilsa Nieves, quien como fiel defensora de nuestra lengua, me ayudó en la fase inicial de cotejo, revisión, correcciones y evaluación. Por tu apoyo, consejos y por contribuir con tu talento fotográfico en la ilustración de la portada... ¡Gracias!

A María Eneida González, mi amiga espiritual, quien un día recitó mis poemas con el propósito de convencerme de que servían. ¡Gracias, Eneida, por ti comencé a creer en ellos!

A los lectores de mi libro El jardín de las ranas, por sus notas impregnadas de cariño y aliento. ¡Gracias por motivarme a continuar sacando del fondo del viejo baúl otras composiciones como estos poemas que aquí les regalo!

A Norma Torres y a Nilo Adams, dos de mis primeros alumnos. Su cariño de niños se escondió en un rinconcito de mi corazón y nunca más quiso salir. ¡Gracias, muchachos, por ser parte de la motivación en mi carrera de educadora!

A mis amigos vecinos Darlene y Dr. Scott Pollard: ¡Mil gracias por ayudarme con su talento fotográfico en la ilustración de las páginas!

Finalmente, a todos los que se animen a conocer mis sentimientos a través del verso. A todos ustedes les ofrezco el viejo baúl donde por tanto tiempo durmió mi poesía. En él encontrarán los trocitos de inspiración que provocaron la admiración y el amor por mi tierra, por mi Isla Nena.

¡Amor a mi isla! Muchos son los corazones sensibles cuyo sentimiento aflora y hace estallar en aroma de alegría un verso cuando se recuerda la patria y desde lejos se añora, se extraña y se llora.

¡Amor a mi patria!, mi isla, mi pintoresco pueblo, mi lindo Vieques, la Isla Nena que escuchó mi primer grito al nacer; la que observó mis primeros pasos, mis intentos, caídas y también el levantarme y continuar adelante. Al crecer me vio caminando por la orilla de la Playa de Muerto, de Cofí y de Juan Carlos; descalza, dejando que los granitos de la blanca arena jugueteara con mis pies escondiéndose e invitándose entre sí a jugar entre mis dedos.

¡Amor a sus playas! El tiempo me recuerda cuando en la playa pisaba los multicolores cascajos, que una vez fueron cristal; vidrios rotos que acariciados tantas veces por las aguas tibias del mar isleño fueron puliéndolos poco a poco hasta dejarlos suaves sin los filos hirientes de antes. Jugando con ellos hacía tejidos de colores y soñaba contenta a la vez que escuchaba las olas rompiendo en la orilla y mordiendo la arena.

¡Amor a sus palmas danzantes! En la orilla bailan al compás de la música del viento y acunan la isla y mecen la Nena.

¡Amor a sus montes y campos siempre verdes! adornados por árboles frondosos y fuertes que al abrazarlos transfieren la energía de su savia y la fortaleza de sus raíces… como la bayahonda.

¡Amor a todo lo que mi terruño posee!: su naturaleza, su gente, sus paisajes, el trabajo, el amor y …¡Dios!… amor a Dios y a todo lo que un día me inspiró a pintar en versos. Ese día mi pincel plasmó un extenso y bello mar abrazando mi isla y pintó un amor: Vieques… y lo coloreó de verde, muy verde, como una esmeralda abrazada por las olas.

* * *

¡Gracias, mil gracias!, al equipo de trabajo que me ayudó a abrir este viejo baúl que, como les dije, por años guardó las hojas que contenían mis versos y ahora, sacando, revisando, juntando, pegando y creando, lograron producir: *Vieques: esmeralda entre las olas.*

¡Tomen, abran este viejo baúl! ¡Aquí tienen la llave!

¡Gracias, amigos!
¡Gracias, Dios!

" Por eso esfuércense con sumo empeño y añadan a la fe la fuerza, a la fuerza el conocimiento, al conocimiento la moderación, a la moderación la constancia, a la constancia la piedad, a la piedad el amor fraterno y al amor fraterno la caridad".

2 Pedro 1:5-8

Vieques: esmeralda

entre las olas

ENSÉÑAME A ESCRIBIR

Maestro, ¡enséñame a escribir!
Quiero aprender a rasgar con mi pluma
sobre papel fino, sobre un pentagrama
mil versos con luz, sonido y perfume,
suaves sentimientos que broten del alma,
versos de color: blancos como espuma
o como arco iris que alcance las nubes.

Quiero que mis versos regalen aromas,
que huelan a frutas, a tierra, a campo,
a río, a mar, a salitre, a sargazo
y al mejor perfume que tienen las rosas.

Quiero que mis versos produzcan sonidos,
que suenen a música, a ritmo de canción,
que lleven el ruido del agua en el río,
al oído susurros y suspiros de amor.

Quiero que mis versos arranquen del pecho
el sentir más hondo del más vivo amor,
que giman, que canten, que alegren
y con notas tiernas provoquen pasión.

Quiero que mis versos tengan el sabor
de la miel del campo, del dulce rocío,
del jugo de frutas: guayaba, pajuil y mangó,
también de la caña y del jobo más rico.

Enséñame, Maestro, a pintar con mis versos
el más bello y rico paisaje de amor
con rimas que huelan, que brillen, que suenen,
que sepan a vida, que sientan, que llenen
el alma con canción y ritmos tan tiernos
que acunen y mezcan mi Isla de Vieques
y con ese arrullo por el universo
dormida entre nubes la acerquen a Dios.

ANONES Y QUENEPAS

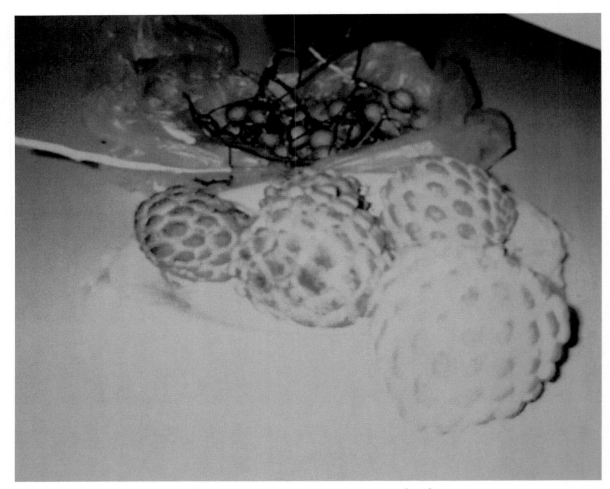

*…Quiero que mis versos tengan el sabor
de la miel del campo, del dulce rocío,
también de quenepas y del anón rico,
de aprines, mamey, mangó y tamarindo…*

RECUERDOS GUARDADOS

Vuela el perfume, despierta los recuerdos
que arropados dormían en mi mente.
Rompe el silencio el aroma y los secretos
huyen del cofre que guardé celosamente.

Abro sin llave; se escapan al ambiente
como brisa suave plasmada en la palabra.
Tomo la pluma con ánimo excitante
y pinto en la página cual paño,
la experiencia vivida en lindos años
y que el tiempo se encargó de resguardarla.

Vivencias simples, traviesamente abiertas;
en la mar de ocasiones tañer lento
que provocaron mi corazón atento
y se grabaron sutilmente en mi memoria
para que fueran, quizás, un día en mi historia
reales recuerdos de un hermoso cuento.

MIS VERSOS

Hoy mi pluma alegre
danza como el viento
sobre el blanco lienzo,
el fino papel,
estampando versos
que huelen, que oyen,
que hablan, que cantan,
que rezan, que viven
y de amores visten
el amanecer.

Hoy mis versos libres
llevan impregnados
perfume de algas,
color de coral, olor a sargazo
y sabor de agua mar.
Van tocando rimas
en noche de playa,
cual dulce balada,
bella melodía.

Son versos de amores
mis versos latentes.
Son seres vivientes.
Son un manantial.
Son los que acarician,
y vibran y sienten.
Son los que hábilmente
siembran la pasión
en el corazón
del que ama la vida;
en el corazón
del que sabe amar.

Vieques:
Isla Nena

ISLA DE VIEQUES

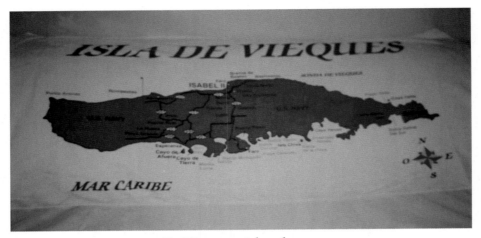

Es Vieques, isla adyacente
a la hermosa Borinquén.
Se encuentra situada al este.
Es bellísima también.

Es un terruño pequeño
de forma rectangular,
de suave verdor colmado
y rodeado de azul mar.

El Atlántico en el norte,
el Mar Caribe a sus pies;
abrazada por los mares
una joya Vieques es.

VIEQUES, HIJA DE PUERTO RICO

Cuando el continente llamado Antillano…
por naturaleza se subdividió;
surgió Puerto Rico, una isla preciosa,
que con su belleza de madre sirvió.

Esa madre hermosa parió en fértil llano
una isla pequeña, capullo antillano,
que lo abrazan olas y lo besa el sol,
bella isla pequeña que arrulla la brisa,
y mecen las palmas de su alrededor.

La acunó en la hamaca de su Mar Caribe.
Le cantó mil nanas, pronunciando un nombre
que escribió en la arena con la blanca espuma.
Fue Vieques, el nombre que entre las burbujas
a esa Isla pequeña, a esa Nena dio.

ISLA NENA

Isla llena de encanto y de poesía,
cofre donde se guardan tantos recuerdos
de aromas embriagantes, de melodías
de amor, de mil caricias y de alegrías.

Isla Nena, isla querida, isla mía,
que inspiras en tu gente muchos anhelos:
deseos de recorrer tus frescas cimas
y de saltar y correr tus amplios cerros.

Tus olas ricas en sal, bien sazonadas
con el sabor de salitre, sol y viento,
bailan abrazando tus hermosas playas,
refrescan y enloquecen con su aliento.

Tu mar de plata con arrullo de perfume
besa la orilla de la blanca arena.
Tu suave brisa con alma de querube
hace bailar dulcemente las palmeras.

El embriagante olor a campo en tus mañanas
con aroma de sándalo, jazmín y hierbabuena
arropa como un manto tus sabanas
y a ti también, isla querida, Isla Nena.

VIEQUES, PRENDA VALIOSA

Un caracolito encontré en la arena
y su suave concha acerqué a mi oído.
Me dijo en un rítmico y lánguido canto:
"Es bella, preciosa y valiosa tu isla,
genuina esmeralda, la pequeña Nena.

Engarzada en oro de unos mil quilates,
la verde esmeralda prensada quedó
y por sus orillas frescas y brillantes
las blancas espumas de las suaves olas
formaron diamantes a su alrededor.

El sol que la cuida es rubí en lo alto.
Cadenas de nubes son las perlas finas
que adornan el cuello de tu isla preciosa.
Con gracia se exhibe la joya de Vieques,
prenda más valiosa de todo El Caribe,
genuina esmeralda dentro de las olas".

MAR DE LA ESPERANZA

Mar de tono plata arroja a los aires
las danzantes olas que besan la orilla
de arenas muy blancas, de arenas muy finas.
Mientras el perfume de la brisa fresca
mueve las palmeras al ritmo de valses,
una voz sonora le canta a las nubes
logrando del cielo el azul que lo envuelve.

Completan el cuadro rellenando el lienzo,
pescadores fuertes alzando sus redes.
Forman todos parte del lindo paisaje
de Playa Esperanza. ¡Un bello paraje!

Sugestivo cuadro: perfil de un mar plata
con olas de rico sabor y perfume,
bordeado de palmas que invitan al baile.
Así es ese mar, Mar de la Esperanza
que abraza a su gente y orgullo difunde.

¡Mar de la Esperanza, mar de plata y canto,
de arenas muy blancas y brisas de encantos,
siempre te recuerdo cual bella diadema
que fielmente adorna con olas hermanas
a mi lindo Vieques, mi querido pueblo!

PLAYAS Y BAHÍAS DEL SUR

... Las puntillas hábilmente tejidas
en la orilla del festoneado ruedo,
destacan las entradas y salidas
de las playas y bahías del Sur de Vieques...

LAS PLAYAS Y BAHÍAS DEL SUR

En un traje bordado con encajes
prendidos a lo largo de su ruedo,
olas del mar completan el detalle
formando cintas de espumas en el suelo.

Las puntillas hábilmente tejidas
en la orilla del festoneado ruedo
destacan las entradas y salidas
de las playas y bahías al sur de Vieques.

Bahía Salinas del Sur y Playa Yallis
hilvanan lentejuelas a Salinas.
Un apretado lazo el pie del Cayo
forma en el este con el Cerro Matías.

A Sombé, Media Luna y El Navío
botones cose bien Cayo de Afuera.
Luego borda celoso allá, Mosquito,
un paño verde azul en la ribera.

A Caracas y a la Isleta de Chivas
le estampan los adornos de cayenas
para hacer de estas joyas las más lindas,
las más hermosas de entre todas ellas.

Bahías del Corcho, Tapón y de la Chiva
abren sus brazos hacia Ensenada Honda,
las visten todas con mundillo de la ronda,
mientras Cayo Yanuel de lejos las admira.

A ellas entran y salen olas tibias
decoradas con fina gabardina
que mojan al besar el lindo ruedo,
y marcan en su piel húmedo beso.

¡Cuántas costuras, bordados y tejidos,
lentejuelas, encajes y puntillas
hacen más bello el ruedo en las orillas
las playas y bahías del sur de Vieques!

MAR DE VIEQUES

Mar azul,
mar gris,
mar de plata
que besa en la orilla
las arenas blancas,
las arenas tibias
que bordean con gracia
la Isla de Vieques.

Fresca brisa, brisa suave,
brisa limpia, mansa y tibia
que las palmas mueve
muy graciosamente.
Elegantes danzas
de palmas coquetas
que con sus figuras
esbeltas y finas
al compás del ritmo;
de olas ardientes
bailan abrazando
la Isla de Vieques.

LA LUNA EN LA PLAYA

Con guirnaldas de flores
adornó su cabello.
Puso perlas brillantes
en su cuello de seda.
Se pintó suavemente
con el tinte del cielo
cuando cayó la tarde
y apareció la noche,
cuando se ocultó el sol
dibujando una estela
de colores naranjas
brillantes cual estrellas.
Se cubrió toda, entera;
con destellos de plata
de una muy ancha falda
amplia como la estera
que arropa las praderas
de toda la isla Nena.
Más luego, alegremente
se asomó muy inquieta
por su ventana, el cielo,
y extendiendo los brazos
estrechó "La Lanchita",
su playa preferida.
Mostrándose coqueta
la vistió de alegría,
con un traje de espejo
para mirarse en ella.

EL CERRO DEL TAMARINDO

¡Olor a tierra mojada!
¿Será lluvia que ha caído?
No, no es lluvia ni rocío;
es que el cerro llora y llora
porque no está el Tamarindo.

"¡Ay, cómo duele la ausencia
del Tamarindo querido
luego de larga existencia
compartiendo aquí conmigo!"

Así, el cerro, sin consuelo,
llora sus penas al pueblo
porque no está el Tamarindo,
porque le falta su amigo.

Yo también guardo esa pena
en mi bulto de viajera,
en la mochila que cargo
con, de Vieques, los recuerdos.
Yo también lo echo de menos
tal como le pasa al cerro.

Mi pena es aún mayor
porque el Viejo Tamarindo
ya era parte de la historia
de mi Vieques tan querido.

Ahora ya no veo sus ramas
flotando cual la bandera
que enorgullece mi tierra
y que del pueblo es el alma.

Fue que un día, muy enojado
un fuerte huracán llegó
y con furia lo abrazó.
Lo dobló casi hasta el suelo,
dejándolo maltratado.

Allí, triste, hacía un esfuerzo,
aunque con mucho trabajo,
para continuar viviendo,
para poder seguir viendo
desde la bella colina
el pueblo Isabel Segunda,
la quieta Playa de Muertos,
el alto Barrio Mambiche,
Cofí, el Cañón y el Puerto.

¡Ay, cual la vela encendida
que va dejando su vida,
poco a poco el Tamarindo
triste se fue despidiendo!

!Adiós, viejo Tamarindo!
¡Adiós legendario amigo!
Vivirá siempre en mi pecho
el jubiloso recuerdo
de admirarte en esa loma
como una linda paloma.

BAYAHONDA: ¡TESORO DE MI TIERRA!

BAYAHONDA

Cavas hondo, bien hondo tus raíces.
De la profundidad absorbes fortaleza
para energizar la savia de tus venas
y ofrecerla al que abrazarte no resiste.

Tu tosco y fuerte tronco te distingue;
pero no escondes lo suave de tus hojas
las que discretamente guardan las espinas
como defensa por si alguien te lastima.

Valiosa eres por todo lo que encierras,
tú, Bayahonda, tesoro de mi tierra.
Luces bella en los montes que te guardan
con recelo para el pueblo que te ama.

Al pintar el ambiente de Isla Nena
el pincel bajo tu sombra se detiene.
Tu especie en esta isla fijar quiere,
para que al pasar de los años nunca muera.

Para ser como tú, mi Bayahonda:
quiero tomar de tu cuerpo fortaleza,
de la savia de tu tronco la energía,
de tus raíces la profunda entereza,
de toda tú, todo lo que dé vida.

Quiero gozar de todo lo que ofreces,
sin dejar de contar las hojas finas.
De ellas quiero tomar delicadeza.
También quiero tener esas espinas
por si en algún momento alguien me hiere.

Si un día, por la vejez, te desmoronas
y tu tronco sin piedad incineraran,
quiero usar tu carbón como crayola
para pintar el alma de mi pueblo
con todo el gran valor que lleva dentro.

Cuando tu leña ardiente sean las brasas
que en el fogón de tu vientre hace una lumbre,
dando con tu humo sabor a los manjares;
tus cenizas se honrarán allá en las cumbres
para quedar en la memoria de mi raza
y en los montes de Vieques cual bandera.

EL LIMONCILLO DE LA PLAZA

Legendario guardián, fuerte y erguido,
eres soldado valiente allí en La Plaza.
¡Cuántas veces del amor fuiste testigo
de los que cerca de ti se enamoraban!

Con la risa de los niños estudiantes,
a la hora del recreo, tú gozabas.
En la noche saludabas sin cansarte
a los que al kiosco vueltas y vueltas daban.

Mas en la madrugada, aún despierto,
despedías del "bar" al último cliente.
Entonces descansabas en el lugar, muy quieto
y feliz esperando el día siguiente.

¿Sabes tú de lo que más me acuerdo?
Cuando desde "tu casa" y yo en la escuela
me ayudaste a completar muchos proyectos
regalándome de tu fruto la útil pega.

¡Ay limoncillo, qué hermoso es el recuerdo
de conocerte cuando era yo estudiante!
¡Ay, limoncillo qué hermoso es el recuerdo
de verte como a uno de mi gente!

LIMONCILLO:
GUARDIÁN DEL BAR PLAZA Y LA ALCALDÍA

*... mas en la madrugada, aún despierto,
despedías del Bar Plaza al último cliente...*

LIMONCILLO:
GUARDIÁN DE LA ESCUELA
GAUTIER BENÍTEZ

... con la risa de los niños estudiantes
de la Escuela Elemental Gautier Benítez
a la hora del recreo tú gozabas...

GRAN DIABLO

En lo alto del cerro
del barrio Mambiche
un raro hombre vive:
barbudo, muy feo,
pero inteligente.
Eso dice el pueblo
del señor Gran Diablo.

Con voz de "bravuco"
despide las aves
que a comer visitan
su fértil conuco.
Le grita a las nubes.
Hasta al fuerte viento
le impide que cante
al soplar su aliento.

Camina y camina
por todito el pueblo.
Va a Santa María
y por Monte Santo
llega hasta La Mina.
Por El Pilón corre.
A Puerto Real llega.
Por La Hueca grita.
En Los Bravos chilla
y por El Destino
a todos espanta,
si por Luján pasa.

Hoy como homenaje
a este personaje
de un perfil tan raro,
su nombre grabado
queda en la memoria
y escrito en la historia
de la isla de Vieques.

LA PLANCHA DE MIS TIEMPOS

¡Ay, sopla que sopla,
sopla la plancha
pa'que huyan las cenizas
y queden las brasas!

Mano de hierro ardiente
que aplana arrugas
de ropa almidonada
dura muy dura.

Proceso lento y fuerte,
tarea frustrante:
la que hacía esta amiga
en tiempo de antes.

¡Ay, plancha de carbón
cómo te extraña
la abuela hoy en el sillón,
antes tu aliada!

SALUDO DE NAVIDAD DESDE "NEW YORK"

Esta Navidad deseo
que la pases muy feliz,
que las Pascuas y Año Nuevo
sean alegres para ti.

Yo quisiera como tú
estar en tierra viequense
pa' gozarme el "rendevú"
y comer lechón y pasteles.

Me refiero a lo genuino:
el lechón en vara asado
los pasteles bien cocidos
y con hojas arropados.

No, como donde me encuentro
que tienen otro sabor,
en papel de cera envueltos
y escasos de "corazón".

La vianda aquí está muy cara
y de sabor muy distinta
¡Tan buena la de la tala!
¡Tan buena la de la finca!

Tan buenas en Puerto Rico
las morcillas y tripitas,
el rabito del lechón
y la buena gandinguita.

Falta el palo de "pitorro".
Falta también el "coquito".
¡Tan sabroso el de "Puertorro"
que embriaga con su gustito!

El arrocito con dulce
no me queda tan sabroso;
pues el coco acá es muy seco
y su leche se reduce.

Aquí no puedo reyar
ni a misa de gallo ir.
Hay que estar metido en casa
al caliente del "estim".

El ropaje de Año Nuevo
no se puede ni lucir.
Hay que estar bien arropados
para del frío no morir.

Cae la nieve, como coco
rayado del Universo
y aunque lindo se ve eso
yo prefiero mi "Puertorro".

Allá el gallo y el coquí
alegran la Nochebuena.
Aquí yo canto mi pena
con ganas de estar allí.

Aquí quiero terminar
de expresarte la nostalgia
que siento yo por mi patria
al ausente de ella estar.

Te deseo felicidad
y mucha prosperidad.
¡Qué pases un feliz año
y una alegre Navidad!

AMIGO...

...Verás cual paloma el Viejo Fortín.
Verás casas nuevas y viejas casonas.
De bellezas, ¿sabes?, verás un sin fin...

CARTA A UN AMIGO

Amigo:

Tú no te imaginas…
los buenos recuerdos que invaden mi mente
cuando mal de mi isla te pones a hablar.
¿Será que lo haces inconscientemente,
sólo por caprichos, sólo por bromear?

Pero eso no importa que digas y digas,
al contrario, ¡gracias! porque así recuerdo
más a mi pequeña, pero bella isla
que admiro y añoro aunque esté tan lejos.

Siempre me da risas si de ella me charlas.
Bien se ve, que en parte, debes conocerla.
Por eso te invito a que la visites.
Verás que no insistes en menospreciarla.

Verás qué bonito el faro en la loma.
Verás cual paloma el viejo fortín.
Verás casas nuevas y viejas casonas.
De bellezas, ¿sabes?, verás un sin fin.

Verás qué habitantes tan hospitalarios.
Verás los paisajes de hermosura plenos,
y al final del viaje, como relicario,
guardarás recuerdos imperecederos.

Sentirás la brisa más embriagadora.
Sentirás los rayos del sol más candente.
Sentirás rugir las más bellas olas;
pues estás, amigo, en la más preciosa,
en la más valiosa región del oriente.

Ese es mi Vieques, terruño del este,
el lindo paraje donde yo nací;
isla que merece se respete siempre
como el más preciado y fragante jardín.

EL OBRERO DE LA CAÑA

*Este fue el primer poema que escribí a mis catorce años y el cual fue,
para mi padre, motivo de gran orgullo, por haberme inspirado en el obrero
de los cañaverales de Vieques.*

Contento va el señor, el cortador de caña
llevando de la mano al fiel machete;
compañero leal que lo acompaña
y que tan dulce regresa, como alegre
también regresa el dueño humilde
que lindos sueños y esperanzas teje
cuando va de camino hacia su casa.

Está jugoso y dulce su machete
luego de dar a la caña la estocada,
golpe certero que el azúcar recoge
día tras día en el tiempo de la zafra.
El mismo dulce, el cortador de caña,
con modestia, lo refleja en su cara;
regresa satisfecho, muy alegre,
y alegre, de su hogar, torna el ambiente.

Cuando de pronto ya no hay zafra alguna,
desaparece el dulce del machete.
Así, muy triste, muy serio, de repente;
el ánimo del obrero queda ausente.

Hay poca azúcar, poco sabor; ya no es tan dulce
el machete que trae el cortador con su dinero.
Son menos, entonces, el disfrute,
la alegría y la esperanza de sus sueños.

LAS CHANCLETAS DE MADAM

Recordando a la madama quien frente a la Escuela Elemental
José Gautier Benítez nos vendía "las chancletas de canela"

Ahí viene la madama
　con su bandeja
a vender, a los niños,
　ricas chancletas
polvoreadas de azúcar,
　clavo y canela.
En su sitial de honor
　frente a la escuela,
la hora del recreo
　contenta espera.

LAS LAVANDERAS DE COFÍ

Allá van las lavanderas
muy de temprano,
un lío en la cabeza
otro en sus manos.

Van a Cofí, contentas,
muy de mañana
y de "la tropa" entera
la ropa lavan.

Cofí, que es su ayudante
con su corriente,
les regala agua fresca
para el enjuague.

En arbustos la tienden
para secarla.
De tarde la recogen
en la canasta.

Satisfechas terminan
con su tarea
y a la casa regresan
la ropa seca.

LA ALEGRÍA DEL PESCADOR

Hoy la playa huele a frutas, huele a canela,
a nísperos, a pajuil, mamey y aprines.
Huele a salvia, a artemisa y yerbabuena;
a las fragantes rosas, a margaritas y azucenas,
a lantana, amapola y a jazmines.
Es que Don Pancho, el pescador, está contento
porque trae buena pesca para el sustento.

MASÚ

Recordando a Masú (Ma'Sue) (Madam Sue)

¿Adónde vas con ese bulto?
¿Adónde vas tú Masú?
Calle arriba…
Calle abajo…
Siempre, siempre cabizbaja,
sin dejar que vean tu cara…
¿Adónde vas tú Masú?

No te bañas.
No te peinas.
No te cambias.
No te aseas.
Siempre con el mismo traje;
trapos sobre trapos llevas.
¿Adónde vas tú Masú?

¿Quién eres tú?
¿Qué te agobia?
¿Qué te forzó a ser así?
Cuéntame tu vieja historia.
¡Habla! ¡Dime!... tú Masú.

NOSTALGIA

Cuando lejos yo me encuentro
de ti, bella islita amada,
más cariño por ti siento,
más te recuerda mi alma;
más, mucho más yo te quiero
y más crece mi nostalgia.
Más recuerdo ese paisaje
que el verdor de su ropaje
viste tu linda región.
Admiro el buen corazón
de la gente que te habita.
Más en mi pecho palpita
el ansia de estar en ti
y sentir sin tener fin
esa brisa que acaricia
con aroma de jazmín.

AÑORANZAS

Quisiera poder en mis últimos años
volver a la tierra que me vio crecer.
Allí hacer las cosas que hacía cuando niña,
retejer los sueños, volver a la infancia,
recordar los años de joven también.

Quisiera poder en mis últimos años
caminar por la playa, descalza,
y que con la arena jugueteen mis pies,
permitiendo a las aguas tranquilas
los bañen de espuma bien tibia, bien fresca.
Que al mismo tiempo el sargazo en la orilla
se enrede en mis dedos y que las almejas
al seguir mi juego, se dejen coger.

Quisiera poder en mis últimos años
recorrer sus campos
recogiendo flores, recogiendo frutas
que a mi paso encuentre;
entre las orillas o en el monte verde;
entre las quebradas si aún hay corrientes.

Muchísimas cosas quisiera yo hacer
en mi último tiempo, mis últimos años,
en mi bella isla cuajada de encantos
que un día, hace mucho, me viera nacer.

QUISIERA

Hoy quisiera escribir más en el diario de mi vida;
pero no tengo más páginas,
sólo tristezas y lágrimas.

Es que la pena provoca
recuerdos que me lastiman.
Es que ya no puedo más
estar lejos de mi islita.

Notas biográficas de la autora

Vidalina Huertas, actualmente acogida a la jubilación, vive en el "Hill Country –Highland Lakes" en el área central de Texas.

Nació y se crió en el Barrio Cañón de la Isla de Vieques, Puerto Rico. En la misma isla, cursó sus primeros doce años de estudios. Se graduó de la Universidad de Puerto Rico como maestra de español de los niveles elemental y secundario con dos Bachilleratos luego de su diploma de Normal. Completó una Maestría en Administración y Supervisión Escolar en la Universidad Interamericana. Dejó sin concluir una Maestría en Educación Bilingüe-Bicultural.

En Puerto Rico ejerció como Maestra de español y estudios sociales en los tres niveles de enseñanza, como Directora de escuelas en los distritos escolares de Carolina y Vieques-Culebra y en este último como Superintendente Auxiliar. En el nivel central ejerció como Supervisora General en el Área de Planificación, Información y Desarrollo Educativo del Departamento de Educación en Hato Rey, Puerto Rico.

En Texas se desempeñó como maestra de español en el Departamento de Idiomas en la Escuela Superior de Killeen y como tutora de español de nivel universitario en el Colegio del Centro de Tejas (C.T.C.) también en Killeen.

Desde muy pequeña le gustaba escribir poemas, siendo el primero de ellos "El obrero de la caña", el favorito de su padre. Ha publicado poemas y artículos en periódicos y revistas de Texas y Nueva York.

Actualmente disfruta de su retiro dedicándose a hacer labor voluntaria en la comunidad y en la iglesia del pueblo donde reside y también a escribir sus próximos libros: "Gotas de recuerdos", "Isabel: amor y misterio", "¡Otra vez las hojas secas!" y "Gotitas de fe".

Printed in the United States
By Bookmasters